UN

OPUSCULE INÉDIT DE FAREL

LE RÉSUMÉ DES ACTES

DE

LA DISPUTE DE RIVE

(1535)

PUBLIÉ PAR

THÉOPHILE DUFOUR

Directeur de la Bibliothèque de Genève

GENÈVE

ALFRED CHERBULIEZ & Cie, LIBRAIRES

RUE BOVY-LYSBERG

1885

UN

OPUSCULE INÉDIT DE FAREL

LE RÉSUMÉ DES ACTES

DE

LA DISPUTE DE RIVE

(1535)

PUBLIÉ PAR

THÉOPHILE DUFOUR

Directeur de la Bibliothèque de Genève.

GENÈVE

ALFRED CHERBULIEZ & Cie, LIBRAIRES

RUE BOVY-LYSBERG

1885

Extrait du tome XXII des Mémoires et Documents publiés par la
Société d'histoire et d'archéologie de Genève.

Genève. — Imp. Ch. Schuchardt.

UN

OPUSCULE INÉDIT DE FAREL

LE RÉSUMÉ DES ACTES

DE

LA DISPUTE DE RIVE

(1535)

Dans l'histoire de la Réforme genevoise, la Dispute de Rive (30 mai[1] — 24 juin 1535) tient une place importante, car elle eut pour conséquence immédiate les événements d'août 1535, la destruction des « images, » l'abolition de la messe par le Conseil, le départ des chanoines, des prêtres, des religieux et des Clarisses[2].

[1] M. Magnin (*Hist. de l'établissement de la réforme à Genève*, p. 182) et M. Merle d'Aubigné (*Hist. de la réform. en Europe au temps de Calvin*, t. V, p. 342) disent que la Dispute s'ouvrit le dimanche 30 mai, « jour de Pentecôte. » Mais, en 1535, cette fête tomba au 16 mai.

[2] Jean-Robert Chouet († 1731) s'exprime ainsi, dans ses *Mémoires sur la réformation [de Genève]* : « La Dispute ne fut pas plutôt finie qu'on peut dire que tout courut avec rapidité à la réformation » (Bibl. de Genève, ms. h. g. 141 b, f° 378 v°). — La plupart des prêtres et des religieux de la ville avaient refusé de se mesurer avec Farel, Viret et Bernard. Cependant il est vraisemblable qu'outre Pierre Caroli, docteur de Sorbonne, et le dominicain Jean Chappuis, d'autres ecclésiastiques catholiques assistèrent aux discussions. Tel fut, par exemple, le cas du confesseur des Clarisses, Jean Gachi : invité à se rendre à la Dispute, il

Les actes ou procès-verbaux des Disputes analogues qui eurent lieu dans différentes villes suisses, — à Zurich (janvier et octobre 1523, janvier 1524), à Bâle (février 1524), à Ilanz (janvier 1526), à Bade (mai 1526), à Berne (janvier 1528), à Lausanne (octobre 1536), etc.,— ont été presque tous imprimés, quelques-uns même à plusieurs reprises.

Ceux de Genève [1], au contraire, ne furent publiés ni en 1535, ni plus tard, et les tentatives faites pour en découvrir le manuscrit n'ont pas abouti [2].

obéit, au moins la première semaine, mais Jeanne de Jussie (*Le levain du calvinisme*, édit. de 1865, p. 132-133) ne dit pas s'il prit pas la parole. D'après le P. Foderé, qui a peut-être utilisé des notes de Gachi, ce dernier aurait « argumenté vivement » les deuxième, troisième et quatrième jours (M. D. G., t. XX, p. 140). — Parmi ceux qui, après la Dispute, renoncèrent à la religion romaine, Senebier (*Hist. littér. de Genève*, t. I, p. 165) cite, outre Caroli et Chappuis, « *Cartelly*, docteur de Sorbonne, *Chasseray*, religieux et citoyen de Genève. » Il n'y a évidemment là qu'une répétition des noms de Caroli et de Chappuis, défigurés par suite d'une mauvaise lecture.

[1] Une première Dispute avait eu lieu dans l'hôtel de ville de Genève, en janvier et février 1534, en présence des envoyés de Berne et des membres des Conseils, entre le dominicain Guy Furbiti, docteur de Sorbonne, d'une part, Farel et Viret, de l'autre. Le récit en fut publié à Neuchâtel, vers la fin de mai 1535, au moment où commençait la Dispute publique de Rive, et réimprimé à Genève en 1644 (Voy. *Le catéchisme français de Calvin*, 1878, p. ccxxiv). — En 1533, un autre dominicain, venu d'Auxerre pour prêcher le carême à Genève, offrit, paraît-il, « de disputer » avec les « prescheurs » de Berne, « nomméement contre maistre Guilla[u]me Farel. » Le Conseil de Berne s'empressa (lettre du 8 avril 1533 aux magistrats genevois) d'accepter le défi, mais la dispute n'eut pas lieu, le moine étranger ayant quitté la ville le 14 avril, probablement à l'instigation des syndics (Herminjard, *Corr. des réf.*, t. III, p. 29, 40, 121).

[2] « Je ne donne pas l'extrait des actes de cette Dispute, » dit Ruchat, « parce que les ayant cherchés à Genève, je n'ai pas pu les y trouver » (*Hist. de la réform. de la Suisse*, édit. de 1727-28, t. V, p. 278). — « Les procès-verbaux de cette Dispute ne se trouvent plus à Genève » (Herminjard, t. III, p. 337, n. 9). — « Colloquii actis deperditis, hæc nostra

Cependant les magistrats genevois avaient pris des mesures afin de conserver le souvenir de ce qui serait dit dans cette joute théologique. Quatre secrétaires, à savoir les notaires Claude Roset, André Viennois, Richard Vellut et François Vuarrier, avaient été désignés « pour escripre et rédiger par escript fidellement le tout[1]. » Le 28 juin, peu de jours après la clôture de la discussion, le Conseil, sollicité de prendre une décision dans le sens des novateurs, répond que les secrétaires n'ont pas encore confronté leurs notes (*nondum sua scripta concordarunt*) et qu'une fois ce travail achevé, on verra ce qu'il faudra faire. Un mois plus tard, le 27 juillet, Farel se présente au Conseil et fait un rapport sur la Dispute (*fecit collationem de disputa*). Le 12 août, deux jours après avoir décrété l'abolition de la messe, le Conseil reçoit les religieux des différents couvents et envoie ensuite des délégués auprès des chanoines et des prêtres, réunis chez le vicaire général : aux uns et aux autres, on fait présenter ou lire le sommaire de la dispute (*summarium dispute*).

Un autre témoignage contemporain fait allusion à ces procès-verbaux ou à leur résumé. Gaucher Farel, écrivant de Turin, le 24 juillet 1535, à son frère Guillaume, à Genève, lui disait que « les frères, » c'est-à-dire les Vaudois du Piémont, demandaient l'envoi d'*ung double des disputes*[2].

---

epistola [Farel à Calvin, 11 juin 1543 ou 1540] locupletissimum ejus monumentum exstat » (*Calvini opera*, éd. Baum, Cunitz et Reuss, t. XI, col. 45, n. 4).

[1] Froment, *Actes et gestes*, éd. Revilliod, p. 139.

[2] Herminjard, t. III, p. 324. — D'après une note marginale de la Vie manuscrite de Farel par Olivier Perrot, p. 28, il existait « une copie » de la Dispute « parmi les escritz [de Neuchâtel]. » Herminjard, t. III, p. 337, n. 9.

Les notes prises pendant la Dispute par les quatre secrétaires constituaient probablement un procès-verbal complet de chaque séance, reproduisant, *in extenso* ou en abrégé, les discours des différents orateurs dans l'ordre où ils avaient été prononcés, ainsi que les interruptions, les objections, les ripostes, donnant en un mot la physionomie entière du débat. Mais il paraît que l'idée prévalut ensuite de faire du tout un résumé, et les notes originales furent, sans doute, détruites aussitôt après la rédaction de ce dernier travail.

C'est ce résumé que nous avons découvert dans un manuscrit [1] des Archives de Genève, qui est un recueil factice de morceaux divers, fragments de chroniques, traités, discours, mémoires, etc., pour la plupart écrits ou copiés dans le cours du XVIe siècle [2]. Ces pièces, primitivement isolées, ont été réunies et reliées en un volume dans la première moitié du XVIIe siècle, puis paginées il y a quelques années. Les p. 463-502 comprennent un cahier de 20 feuillets in-folio, dont les deux derniers sont blancs, intitulé : « Le recueil et conclusion faicte sur les articles disputez en la disputation publicque faicte à Genève, commenceant le trenteiesme jour de may mil cinq cens trente cinq et finissant le vingt quatreiesme juing oudict an. » L'écriture, belle et régulière comme une main de copiste, doit être celle d'un des notaires qui fonctionnaient comme secrétaires de la Dispute, ou d'un de leurs clercs, mais nous ne sommes pas arrivé à l'identifier et nous avons

---

[1] N° 109.

[2] Ce ms. renferme en particulier quelques pages de Bonivard, qui ont été mentionnées par le Dr Chaponnière (M. D. G., t. IV, p. 230), ainsi qu'un discours relatif à l'Escalade, signalé par Th. Heyer (*Ibid.*, t. XVII, p. 115), puis publié, d'après une copie plus récente (ms. 67), par M. Gaberel (*Les guerres de Genève et l'Escalade*, 1880, p. 216).

seulement constaté que ce n'était pas celle de Claude
Roset.

Le *recueil et conclusion* est-il identique au *rapport* de
Farel dans la séance du 27 juillet et au *sommaire*[1] lu le 12
août ? Nous sommes disposé à le croire, sans pouvoir
cependant l'affirmer, car le rapport (*collatio*) semble avoir
été verbal et le sommaire était peut-être une note plus
abrégée, ne renfermant que les conclusions qui ressor-
taient de la Dispute et de ses actes.

Ce qu'il y a de certain, croyons-nous, c'est que l'auteur
de notre pièce ne peut être que Farel. Si Jacques Bernard, par suite de sa double qualité de citoyen de Genève
et de gardien des Cordeliers de Rive, avait été tout naturellement désigné pour solliciter du Conseil l'autorisation
d'organiser la Dispute dans la grande salle de son cou-
vent, Farel n'en fut pas moins l'inspirateur et le guide de
ce débat, qui acheva de jeter le désarroi parmi ses adver-
saires et fit triompher la cause dont il était le chef incon-
testé.

D'ailleurs, dans le morceau que nous publions ci-après,
on retrouve, non seulement les idées, mais encore le style
du réformateur. Ces périodes interminables, auxquelles
s'accroche sans cesse un nouveau membre de phrase, cette
netteté de la pensée, jointe à une certaine incohérence
dans l'expression, appartiennent bien à l'homme d'action,
dont le cœur ardent et le tempérament d'apôtre ne firent
jamais un élégant écrivain [2].

---

[1] « .... Fuit facta ipsa disputa, in qua multa disputata, *de quibus fuit
factum unum summarium...* » (Reg. du 12 août).

[2] « Farel avait peu de goût pour un travail de plume lent et réfléchi,
et il reconnaît lui-même que, lorsqu'il veut écrire, les idées se pressent
sans ordre dans son esprit avec une impétuosité qui ne lui permet pas de
les élaborer et de chercher l'expression juste. Son style se ressent de

Enfin une circonstance matérielle vient à l'appui de notre attribution. Dans sa transcription, le copiste de 1535 a laissé en blanc quatre mots qu'il ne pouvait déchiffrer[1] sur la rédaction originale placée sous ses yeux. Une autre main les a rétablis et cette main est celle de Farel, comme le démontre une comparaison attentive avec les lettres autographes de la même époque qu'on possède de lui.

Le résumé des actes de la Dispute de Rive, qui se termine par une véhémente adjuration aux magistrats de Genève, est une pièce essentielle du grand procès jugé en 1535. A ce titre, il méritait d'être mis au jour. Nous l'avons fait précéder du chapitre que Roset a consacré, dans sa *Chronique* manuscrite, à la Dispute de Rive et qui renferme, en particulier, un résumé des cinq thèses de Jacques Bernard : la rédaction originale de celles-ci, quoique imprimée en 1535, affichée et répandue à un grand nombre d'exemplaires, ne s'est pas conservée.

Nous donnons également le texte de tous les articles du Registre des Conseils qui se rapportent au même épisode. A l'exception de trois ou quatre[2], ils n'ont pas encore été reproduits dans leur langue originale[3]. Les historiens qui auraient à revenir sur ce débat pourront

cette disposition d'esprit; sa phrase est embarrassée et souvent peu claire » (H. Heyer, article *Farel* dans l'*Encyclop. des sciences relig.*)

[1] « L'écriture de Farel, avec ses caractères excessivement fins, serrés, enchevêtrés les uns dans les autres et compliqués de signes abréviatifs, défie parfois toutes les investigations. » (Herminjard, t. VI, p. 34, n. 8. — Voy. aussi ibid., t. V, p. 411.)

[2] Voy. les *Notes* à la suite du *Levain du Calvinisme* de Jeanne de Jussie, édit. de 1865, p. 260-262 ; — Kampschulte, *Johann Calvin*, p. 163, n. 2; — Herminjard, t. III, p. 294, n. 9, et 424.

[3] La traduction, parfois abrégée, qu'en a faite Flournois, a été publiée en partie par Grenus, *Fragments historiques sur Genève avant la réform.*, p. 203, 205, en partie par M. G. Revilliod, à la suite de son édition des *Actes et gestes* de Froment, p. cxxiv-cxxxix.

ainsi les comparer plus aisément avec les autres sources contemporaines [1]. Bien que rédigé par un partisan des idées nouvelles [2], le Registre de 1535 raconte les événements d'une manière impartiale : sa gravité sobre et mesurée contraste singulièrement avec le ton passionné de Froment et de Jeanne de Jussie [3].

[1] Marie d'Entière, *La guerre et deslivrance de la ville de Genesve*, (M. D. G., t. XX, p. 364-365); — Lettre de Farel à Calvin, datée par Bèze du 11 juin 1543, mais que MM. Reuss et Cunitz placent à l'année 1540 (*Calv. opera*, t. XI, n° 220); — Ant. Froment, *Les actes et gestes merveilleux de la cité de Genève*, édit. Revilliod, p. 131-142; chap. xxviii-xxxi; — Jeanne de Jussie, *Le levain du calvinisme*, édit. de 1865, p. 118-119, 124-134; — P. de Pierrefleur, *Mémoires*, édit. Verdeil, p. 108-112, §§ lxxi-lxxiii; — Foderé, *Narration des convens de l'ordre S. François,..* 1619, p. 132-137 (M. D. G., t. XX, p. 137-141). — Voy. aussi divers passages de lettres de 1535, publ. par M. Herminjard, t. III, p. 294-295 et n. 11.

[2] Claude Roset, notaire, du CC 1530, secrétaire du Conseil de 1533 à 1538 et de 1549 à 1555, conseiller depuis 1541, syndic en 1542, premier syndic en 1546, procureur général en 1544, † 29 juillet 1555, père de l'historien et magistrat Michel Roset.

[3] Parmi les ouvrages qui, avec plus ou moins d'exactitude, font le récit de la Dispute de Rive, on peut indiquer les suivants, outre ceux que nous avons eu déjà l'occasion de citer :

Bén. Turrettini, *Hist. genev. reform.*, trad. en franç. dans la *Notice biogr. sur Bén. Turrettini* par F. Turrettini, 1871, p. 77-78; — F. S[panheim], *Geneva restituta*, 1635, p. 77-81; — La vie de feu... *Guillaume Farel*. Bibl. de Genève, ms. h. g. 147, f° 23; — J. Spon, *Hist. de Genève*, 1680, t. I, p. 366-369; édit. de 1730, in-4°, avec notes de J.-A. Gautier, t. I, p. 252-260; — Maimbourg, *Hist. du calvinisme*, 1682, p. 44-47; — [P. Bayle,] *Critique générale de l'Hist. du calvin. de Maimbourg*, 1682, p. 109, 129-134; — J.-A. Gautier, *Hist. de Genève*, 1713, ms. des Archives, t. III, p. 125-129, 131-139; — Bérenger, *Hist. de Genève*, 1772-73, t. I, p. 228-234; — J. Picot, *Hist. de Genève*, 1811, t. I, p. 331-333; — M. Kirchhofer, *Das Leben Wilhelm Farels*, 1831-33, t. I, p. 187-192; — A. Thourel, *Hist. de Genève*, 1832-33, t. II, p. 141-151; — Mignet, *Mémoire sur l'établissement de la réforme religieuse à Genève*, 1834, p. 65-68; — [J.-É. Cellérier,] *Le jubilé de la réform.*, 2me éd., 1835, p. 80-85, 238; — L. Vulliemin, *Le Chroniqueur*, 1835-36, p. 76-78, 93-94, 105-106, 109-110, 128-129, 135-137; — J. Fazy, *Essai d'un précis de l'hist. de Genève*,

Chronique de Roset, livre III, ch. 35 [1].

...... « Ces miracles furent jugez faux par le Conseil et deffendus èsditz moynes le 11 de may 1535. Or avoit desjà auparavant le gardien du convent des Cordeliers de Rive, nommé Jaques Bernard, citoyen, qui avoit esté peu devant apellé à la cognoissance de l'Évangile, présenté au Conseil cinq articles ou positions, qu'il s'offroit maintenir avec les autres prescheurs. Et obtint, du 20 de may [2], que lesdites positions fussent publiées et assigné jour de dispute franche au dymenche 30 de may à tous ceux qui voudroient soustenir le contrayre des positions, lesquelles furent imprimées et notiffiées aux prebstres et chanoynes dudit Genève, et ès lieux circonvoysins comme à Grenoble, Lyon et allieurs, avec déclaration d'asseurance et sauf-conduit pour tous voulans disputer. Lesdites disputes furent commencées ledit dymenche au grand auditoyre du convent de Rive

1838, p. 221-222, 224-225; — L. Vulliemin, *Hist. de la conféd. suisse* (continuation de J. de Muller, etc.), t. XI, 1841, p. 95-97; — E.-H. Gaullieur, *Genève depuis la constitution de cette ville en république jusqu'à nos jours*, 1856, p. 24-25; — L.-J.-H. Dupont, *Antoine Froment ou les commencements de la réforme à Genève*, Strasbourg, 1857, p. 36-37; — J. Gaberel, *Histoire de l'église de Genève*, t. I, 2me édit., 1858, p. 206-221; — C. Schmidt, *Wilhelm Farel und Peter Viret*, 1860, p. 17-18; — P. Charpenne, *Hist. de la réforme et des réformateurs de Genève*, 1861, p. 223-224; — E. Stähelin, *Johannes Calvin*, 1863, t. I, p. 117; — A. Roget, *Les Suisses et Genève*, 1864, t. II, p. 136-137, 144-147, 155-160; — [J. Jullien,] *Hist. de Genève racontée aux jeunes Genevois*, t. I, 2me éd., 1865, p. 346-355; — L. Junod, *Farel, réformateur de la Suisse romande*, 1865, p. 155-158; — A. Roget, *L'Église et l'État à Genève du vivant de Calvin*, 1867, p. 9; — H. Heyer, *Guillaume Farel : essai sur le développement de ses idées théologiques*, 1872, p. 32; — Karl Pietschker, *Die lutherische Reformation in Genf*, Cöthen, 1875, p. 83-87; — Ad. Henrich, *Bern's Einfluss auf die Genfer Reformation*, Emmerich, 1877, p. 68-69; — Fleury, *Hist. de l'église de Genève*, 1880-81, t. I, p. 261; — F. Bevan, *Vie de Guillaume Farel*, 1885, p. 320-321; — etc., etc.

[1] Archives de Genève : Ms. n° 136, p. 90-91.

[2] Cette date est inexacte. Voyez plus loin, p. 11-12, les §§ des 23 avril 25 et 26 mai.

publiquement, présens les députez du Conseil pour garder l'ordre, avec quatre secrétaires.

Les positions maintiennent, en somme, la justification des hommes par Jésus-Christ seul, — le régime de l'Église dépendre de la seulle parole de Dieu, — l'adoration d'un seul Dieu, — qu'il est suffisamment satisfaict pour noz péchez par la seulle oblation faicte une fois par Jésus-Christ, — qu'il est seul moyenneur entre Dieu et les hommes ; — desquelles résultoit que ceux erroient qui s'attribuoient aucune puissance, pensans estre justifiez par leurs œuvres, — que les traditions humaines et papales qu'on appelloit de l'Église estoient pernitieuses, — que c'est idolâtrie et contre Dieu adorer de quelque honneur les sainctz ny les images, — que la messe ne sert à nostre salut, ny les prières pour les mortz, — que les sainctz ne sont noz advocatz.

Là dessus furent continuées les disputes plusieurs jours avec grande audience. Il y en avoit deux qui soustenoient le party des prebstres : l'un, nommé Caroli, docteur de la Sorbonne, l'autre Chappuisi, citoyen de la ville, religieux du convent de Palais. Tous deux furent vaincuz et en feirent confession, suyvant laquelle ont despuis annoncé l'Évangile eux-mesmes. »

Extraits des Registres des Conseils, vol. 28.

23 avril 1535. « *Frater Jacobus Bernard.* — Frater Jacobus Bernard, ordinis minoritani, presentavit quasdam cristianas positiones, de quibus non pauci aberrant, et quas, ut errantes veritatem sanius percipiant, se per publicam disputationem substenturum, habita a nobis facultate peritos ad hoc ad hanc civitatem invocandi, dixit ; et propterea petiit ipsas coram nobis legi et, eis lectis, facultatem eandem sibi impertiri. Quas per nostrum secretarium legi fecimus, et, eis lectis, nobis matura deliberatione visum fuit eundem fratrem Jacobum quin dictas disputationes habeat impedire non debere, immo disputationem ipsam permictere, et quam permisimus, et, quia virorum ecclesiasticorum fuit majorem circa ea in studendo adhibere diligen-

tiam, fuit nobis visum et eidem fratri Jacobo dictum quod ipse dominis de capitulo S. Petri hujus civitatis ea significare debeat. » [F° 43.]

25 mai. « *De disputa.* — Fuit loquutum de disputationibus, eo quia nonnullis visum fuisset quod deberent fieri certi ceduloues[1] propalantes disputam francham. Super quibus fuit advisum quod disputa ipsa permictatur fieri in pace, non tamen fiant illi sedulones; nec minus loquatur cras in consilio Ducentenario. » [F° 60 v°.]

26 mai. Consilium Ducentenarium. — « *Disputa. Cride.* — Ibidem fuit loquutum de disputationibus super conclusionibus per fratrem Jacobum Bernardi publicatis, et super eis per majores voces et resolutiones consilii conclusum et arrestatum quod sive viniant (*sic*) forenses disputaturi, sive non, tamen disputatio ipsa per eos qui adfuerint fiat, et non impediatur, cum finis, ad quem tendit, sit ut corda audientium ab eadem magis de propositis clarifficata redeant, et inde reipublice tranquilitas oriri valeat. Et, ut hujusmodi disputatio comodius et quietius fieri valeat, fuit resolutum quod debeant fieri cride, voce preconia, de non fiendo tumultu, questione nec injuria, quodque omnes, sive forenses, sive domestici, libere disputare valeant, addita solita pena. Que premissa domini sindici presbiteris et religiosis nuncient et notifficent. » [F° 62 v°.]

« *Processio.* — Quia solitum est per singulos annos hoc tempore et die crastino[2] facere processionem generalem circum civitatem cum facibus et multis seremoniis, D. Bonimontis[3], decanus canonicorum hujus civitatis, petiit a nobilibus dominis sindicis si processionem ipsam facerent. Fuit desuper advisum et resolutum, nemine contradicente, quod, postquam stabilita est disputatio per quam cognosci poterit quantum talis processio sancta sit, processio ipsa fieri non debeat, saltem donec post ipsam disputationem, et quod, si cognitum fuerit illam esse salubrem, ipsa debeat devote ad sonum tube proclamari et omnes ad

---

[1] Affiche, placard, *schedula.*

[2] La Fête-Dieu, se célébrant le jeudi après l'octave de la Pentecôte, tombait, en 1535, au 27 mai.

[3] Aymon de Gingins, abbé commendataire de Bonmont (Voy., sur ce personnage, M. D. G., t. XXI, p. 52, n. 5).

veniendum cum suis facibus cogi, et fieri debeat in octavis aut
dominica post octavas crastini diei. Et neominus, ne presbiteri
dicant nos sibi velle omnem[1] suum propositum destruere, fuit
advisum quod, si voluerunt[2] per eorum templa processionare,
faciant, dummodo non eant per civitatem. Que premissa debeant
hodie dicto domino Bonimontis refferri et cum eis eidem dicatur
quod notifficet suis dominis capitularibus [ut] veniant ad disputam
et omnes presbiteri ; et similiter fiat omnibus presbiteris et
monachis per parrochias et conventus hujus civitatis. » [F° 63.]

29 mai. « *Disputa*. — Consilium fuit convocatum occasione
dispute fiende, proposite per fratrem Jacobum Bernard, et ibidem
advisum quod, postquam omnibus circumvicinis extitit notifficata,
sive veniant disputatores forenses, sive non, disputa tamen
fiat cum eis qui disputare voluerint; et, ut forma vere disputationis
servetur, fuerunt electi quattuor secretarii, qui in ea
scribere debeant, C. Roset, Andreas Viennois, Richardus Velluti
et Franciscus Vuarreri, notarii. Ut etiam silentiosa audientia
in ea habeatur, fuerunt electi auditores, qui eidem dispute
adstare debeant, Michael Sept, Claudius Savoye, Johannes
Balard, Girardinus de Rippa, Claudius de Chasteaulxneufz,
Claudius Richardet, Amedeus Chapeaurouge et Johannes
Amedeus Curtet[3].

Item ordinatum quod fiant bone custodie per portas et turres
civitatis et super fossalibus Sancti Gervasii. Fiat etiam hodie
crida jam pridie de non faciendo tumultu. Facta. » [F° 64 v°.]

« Frater Johannes Chappuys, ordinis sancti Dominici, et
prior[4] conventus Palatii hujus civitatis intrarunt. Exposuerunt
sicuti per nos sibi extitit disputa fienda notifficata, dicentes se
in suo conventu non habere viros litteratos ; propterea supplicarunt
sibi relaxari fratrem Guydonem Furbiti, detentum, ut
ipse in disputa predicta interesse valeat. Super quo fuit advisum
quod attento quod domini Bernenses, ad requisitionem regie

---

[1]-[2] *Sic.*

[3] J. Balard, G. de la Rive, C. de Châteauneuf et C. Richardet étaient
des catholiques zélés. Les quatre autres figuraient parmi les partisans de
la Réforme. — De ces huit commissaires, deux seulement, G. de la Rive
et C. de Châteauneuf, ne faisaient pas partie en 1535 du Petit Conseil.

[4] Ce prieur se nommait Guillaume Laurent. Voy. plus loin au 12 août.

majestatis, nobis scripserunt se contentos si dictus Furbiti judicato paruerit coram Ducentenario [et], solutis expensis, liberetur, nos debeamus permittere quod exeat ad disputam, parito tamen judicato ad votum dominorum Bernensium, et, si nunc non possit satisfacere de expensis, ipse post disputam ad carceres redire debeat pro eisdem et donec satisfacto.

Ea fuerunt dictis supplicantibus dicta; acceptant.

Ivimus ad dictum Furbiti; premissa narravimus; se excusat. » [Fº 65.]

31 mai. « *De disputa.* — Ibidem fuit loquutum de disputa ad quam nullus sacerdotum, quamvis eis satis notifficata fuerit, comparet; et propterea fuit advisum et arrestatum quod cras domini sindici debeant ire ad capitulum S. Petri et notifficare disputam ipsam ac eos rogare quatenus veniant.

Item fuit similiter loquutum de crastino consilio et advisum quod de mane omnes sindici et consiliarii debeant in disputa comparere et eidem adstare. Consilium vero habebitur post prandium. » [Fº 65 vº.]

1ᵉʳ juin. « *Capitulum.* — Ibidem nobilis sindicus Bandire retulit sicuti ipse cum aliis duobus dominis sindicis fuerunt in capitulo et juxta herinam resolutionem notifficarunt et rogarunt, et se habuisse responsum quod illi de capitulo advidebunt si quem fratrem mictere poterint et facient. » [Fº 66.]

8 juin. « *Disputa.* — Audito magistro Guillelmo Farel petente compelli sacerdotes comparituros in disputationibus, fuit advisum et resolutum quod salterius adviset et petat sacerdotes [ut] compareant in dictis disputationibus libere.

Chappuysii. — Frater Johannes Chappuysii, jacopinus, exponit sicuti fuit in disputa velletque adstare, sed, petitus per suum provincialem ad Bisuntium, petit licentiam eundi et suo provinciali obediendi. Super quo fuit advisum quod ad minus maneat usque ad diem dominicam proximam [1], per totam diem, et debitum faciat.

Quia loquutum est de quodam debito quod petit, fuit responsum quod videbitur. » [Fᵒˢ 70, 70 vº.]

28 juin. « *Disputatio.* — Intrarunt Claudius Bernard et alii

---

[1] 13 juin.

ejus socii. Exponunt sicuti omnibus est notum factam fuisse publicam disputationem et per eam bene patere ymagines, missam et alias similes dissimulationes et ydolotramenta debere amoveri, nihillominus tamen nebulones nonnulli per civitatem horatim clamittant, susurrant et irrident verbi veritatis predicatores et amatores, dicentes : *Qualis fuit illa disputa, si bona omnia ruinassent ?* etc. et multa alia. Supplicant propterea advideri de procedendo ad sententiam et expediendo rem. Super quo fuit advisum et eisdem Bernard et sociis responsum quod secretarii dispute nondum sua scripta concordarunt et quod concordato videbitur. » [F° 82 v°.]

23 juillet. « *Farel.* — Ibidem etiam fuit loquutum de magistro Guillielmo Farello, qui initiavit predicare in parrochia Magdalenes, de quo multi scandalisantur. Super quo fuit advisum quod dicatur eidem Farel quod desistat predicare in dicta ecclesia Magdalenes, donec aliter fuerit cognitum. » [F° 95 v°.]

27 juillet. « *Farel.* — Ibidem intravit magister Farellus et alii predicantes cum eo et fecit collationem de disputa. Super quo advidendo fuit loquutum de eo quod predicant in Magdalena et resolutum quod dicatur eis quod supercedant, donec visum fuerit in jornata que proxima est coram dominis Helvethiis [1]. » [F° 96.]

10 août. Consilium Ducentenarium. — « *Farel. Ymagines. Inventaria.* — Juxta herinum arrestum et etiam ad requisitionem Guillielmi Farelli fuit congregatum consilium Ducentenarium.

In quo primo intravit dictus Farellus, cum Petro Vireto, Jacobo Bernard et fratre Jacobo ⸱⸱⸱ [2] cordigero. Magna oratione facta, proposuit sicut fuit facta publica disputa, ad quam fuerunt vocati sacerdotes, ut audirent et sua facta substinerent, ipseque et ejus socii cum eo se paratos obtulerunt substinere omnia que predicarunt, etiam usque ad mortem, prout et de presenti se offerunt se paratos subire mortem, quatenus contra sacras scripturas aliquid dixerint, et per presbiteros convicti

---

[1] Sur les prédications de Farel et la destruction des images, voy. le Registre des 30 juillet, 1er, 8 et 9 août, f°s 98, 102, 102 v°, 103.

[2] Le nom est demeuré en blanc dans le Registre.

fuerint, nihil de presbiteris requirentes, nisi quod ad Deum convertantur; supplicantes insuper judicari super disputa prius facta [1].

Super hiis omnibus diu disceptato, fuit advisum et majori voce resolutum quod teneantur consilia diebus extraordinariis, ad que vocentur sacerdotes, et coram eis proponatur si velint substinere missas et ymagines, et res bene videatur. Et si compertum fuerit fuisse male actum dirumpisse ymagines, tunc advideatur et refferatur. *Interim vero ulterius non dirruatur, nec celebretur missa,* donec cognito. Et quod scribantur dominis Bernatibus premissa, ut super eorum responsione nos tutius conducere valeamus.

Quia illa herina ymaginum dirruptio causat sacerdotibus tales dolores quod verisimile sit ipsos discedere velle et suspicatur ne asportent jura et jocalia ecclesiarum ab hac civitate, fuit advisum quod omnia bona ecclesiarum inventarisentur. Et deputantur ad conficiendum inventarium in Sancto Petro nobiles sindicus Phillippin, C. Savoye et Ludovicus Du Fort; quoad vero alias ecclesias consilium ordinarium alios eligat et deputet.

Missa. — Sicuti decessisset consilium Ducentenarium, fuit loquutum quod, si cessetur dicere missas, populus poterit mutinari; propterea fuit advisum quod post prandium congregetur consilium ordinarium et advideatur quomodo erit agendum. » [F° 104.]

---

[1] Le discours de Farel en Conseil des CC et celui qu'il avait prononcé, le 30 juillet, devant le Petit Conseil, ont été considérablement amplifiés par J.-A. Gautier, dans son *Hist.* (ms.) *de Genève,* in-fol., t. III, p. 137-138; ils ont passé de là dans l'ouvrage de Spon-Gautier (1730, in-4°, t. I, p. 257, 258, note), auquel divers historiens modernes les ont empruntés. Nous ignorons si ces développements sont de pure fantaisie, ou s'ils proviennent d'une relation ancienne, aujourd'hui perdue. En tout cas, la péroraison de la pièce que nous éditons doit, pensons-nous, représenter avec plus d'exactitude les idées émises par Farel dans sa *magna oratio* du 10 août. — Disons à ce propos que l'édit mentionné par Spon, *ibid.,* p. 259 (et déjà par Spanheim, p. 85), sous la date du 27 août 1535, — édit ordonnant « que tous les citoyens et habitans eussent à suivre la religion protestante; [et] abolissant absolument l'exercice de la religion catholique, » — n'existe pas. L'information erronée de Spon a été souvent reproduite: Leti (*Historia genevrina,* t. II, p. 564) est allé jusqu'à inventer de toutes pièces le texte de cet édit imaginaire.

« Eodem die post prandium. *Ordo datus super regimine bo-
norum conventuum.* — Fuit advisum, pro utilitate rei publice et
ne bona conventuum devastentur et deperdantur, quod provi-
deatur de aliquibus probis viris, qui intendant ad inventarizan-
dum et ponendum in tuto bona et jura que reperientur[1]. »
[F° 104 v°.]

12 août. « *Religiosi.* — Fuerunt etiam ibidem petiti religiosi
conventuum Palatii, Rippe, sancte Clare et domine nostre de
Gratiis, ut audirent summarium dispute in hac civitate facte,
de quibus venerunt frater Petrus Cappellani, Stephanus de
Domonova,   [2] Sollieti et Petrus Parvi, religiosi Rippe,
ordinis sancti Francisci, frater Guillelmus Laurentii, prior
Palatii, Claudius Boulet et Franciscus Bonilucri, ordinis sancti
Dominici,   [3] Cutellerii, Amedeus de Strata et Petrus
Bidalis, ordinis sancti Augustini, Petrus Gauterii[4] et Philli-
bertus de Bosco, ordinis minorum conventus sancte Clare.

Quibus fuerunt facte multe remonstrationes de occurrenciis
et lectum summarium disputationum factarum, et tandem inter-
rogati si ipsi habeant aliquid super eodem dicere, sique velint
aliqua exhibere quare ymagines tolli non debuerint quareque ve-
nerari debeant, et memoria sanctorum haberi, misse decantari
et alie serimonie observari. Quiquidem religiosi, unus post alium,
responderunt se nihil scire respondere dicto summario disputationis nec contentis in eodem, sed sunt simplices qui solebant
vivere ut docti erant a patribus, non inquirentes similia; propterea supplicant et supplicarunt advideri de dimittendo eos in
sorvitio quo fuerunt prius, se paratos inservire ut prius servi-
verunt, et nostram relationem sibi de eisdem fieri.

« Post prandium. — *De disputa. Presbiteri.* — Nobiles Amedeus Bandire, Hudriodus du Mollard et Johannes Phillippin,
sindici, secum nobilibus Claudio Savoye et Johanne Amedeo
Curtet, suis consilliariis, fuerunt ad domum domini Aymonis de

---

[1] Suit la nomination de ces commissaires pour les couvents de Rive,
de Palais et de N. D. de Grâce, ainsi que pour les paroisses de la Made-
leine, de St-Germain, de St-Gervais, de Ste-Croix et de N. D. la Neuve.

[2-3] Les prénoms sont restés en blanc.

[4] Cf. M. D. G., t. XX, p. 126, n. 3.

2

Gingino, abbatis Bonimontis, decani canonicorum ecclesie S.
Petri, et repertis ibidem reverendis dominis Michaele Navis et
Conrado Hugonis, canonicis dicte ecclesie, dominis Petro Chou-
deti, vicario ecclesie Beate Marie Nove, Karolo de Nanto, vicario Sancti Germani, domino Blasio de Crosa, Guillielmo Canalis,
Johanne Ludovico Ramelli et aliis presbiteris in magno numero,
exposuerunt eis, organo nobilis Claudii Savoye, sicuti consilium
et sindici civitatis dolent quod res non processerint alio ordine
quam fecerint, neominus, cum sint in melius disponende, fuit
advisum quod postquam fuit facta disputa ad quam omnes sacerdotes et alii fuerunt vocati pluries, et etiam voce preconia,
et licet non venerint fuit facta tamen ipsa disputa, in qua multa
disputata, de quibus fuit factum unum summarium ; et propterea et ut res in melius disponantur fuit advisum quod summarium debeat eis legi, ipsumque eis legere presentarunt, ut, eo
audito, melius advideri possit. Super quibus dicti presbiteri,
organo dicti domini Bonimontis et domini Michaelis Navis, se
nihil velle audire de dicto summario neque de dictis et predica-
tis per Farellum, immo velle vivere prout soliti sunt et propterea supplicarunt se in sua factione dimicti, etc. Et sic res in
eodem statu manet. » [F^{os} 106 v°, 107, 107 v°.]

13 août. « *Missa.* — Ibidem fuit loquutum de reperiendo
medium disponendi res in bono esse, maxime ad causam misse,
quam plures requirunt permicti. Super quo plures dicunt quod
adhuc melius est adhuc modicum dimittere rem quam festinare
de dicta missa, cum forte melius sit expectare voluntatem dominorum Bernatum, qui sanius rem intelligunt. Quocirca fuit
advisum quod adhuc parum supercedatur, et videatur de con-
gregando consilium ordinarium, et mature super re procedatur,
cum melius videatur adhuc supercedendi in dicendo missas
quam dicere missas ut inde scandalum oriatur. » [F° 108 v°.]

LE RECUEIL ET CONCLUSION

*faicte sur les articles disputez en la disputation publicque
faicte à Genève, commanceant le trenteiesme jour de may
mil cinq cens trente cinq et finissant le vingt quatreiesme
juing oudict an.*

Premièrement [1], sur le premier article et ce qui s'ensuyt, —
après plusieurs propos, protestations et autres choses desduictes,
avoir monstré comment il se fault du tout arrester à Jésus Christ,
vray filz de Dieu, qui nous a esté promis en la loy et par les
prophètes, duquel la conception et enfantement a esté adnuncé
à la vierge Marie, duquel les anges ont admonnesté Joseph et
les bergiers qu'il estoit le Sauveur, — le Père en rend tesmoinaige
qu'il est son filz bien aymé, lequel nous devons ouyr, puisqu'il
nous appelle de venir tous à luy pour estre soulagez, promectant
la vie à tous ceulx qui croyent en luy, car en luy et par luy nous
avons grâce. Autrement, tous sommes perduz et dampnez, veu
que tous sommes folz et vains comme nostre père Adam, duquel
venons tous immundes, conceupz en iniquitez, naiz en péché,
estans naturellement mauvais, a[r]bres ne portans que mauvais
fruict, car toute la pensée du cueur de l'homme n'est que mal,
et en nous n'a aucun bien, et ainsi a esté arresté. En nous n'est
de commancer de bien faire, ne de continuer, ne de parfaire,
mais fault que confessons tout bien venir de la grâce de Dieu,
qui nous tire à Jésus Christ, son filz, par vraye foy, nous con-
duisant par l'esprit de Jésus, qui nous faict cheminer saigement,
chassant nostre folye. Et [nous] estans en Jésus, faict que ne

---

[1] Nous reproduisons fidèlement le manuscrit, en nous bornant, pour
faciliter le sens, à ajouter la ponctuation et les accents, à intercaler
parfois des lettres ou un mot entre crochets [   ], et à signaler quel-
ques-unes des incorrections.

sommes condempnez et jugez coupables, mais absoubz et déclairez innocens, purgez d'iniquité, dédiez et sanctifiez à Dieu, et
rachaptez de la grande servitude de péché et de mort. Par la
rançon que Jésus a payée, avons vie et salut par Jésus, qui est
vie et le salut de tous croyans. Et cecy n'empesche point de
bien faire, comme l'on a objecté, et ne faict perdre couraige,
si nous ne povons rien de nous et que Jésus est [celui] par qui
avons tout; mais grandement incite tous povres travaillez et
chargez d'aller à Jésus, comme il les incite, et ceulx qui viennent à luy, ayans l'esprit de Dieu, sentans la grande charité de
Dieu, d'un grand cueur et de grosse affection s'employent à
toutes bonnes œuvres, pour l'amour et l'honneur de Dieu, lequel
ilz ayment et honnorent sur tout, veu qu'il nous a tant aymez
qu'il a donné son seul filz, qu'il aymoit tant, pour nostre salut.

Sur le second article, a esté touché la perfection de la doctrine de Jésus, qui à ses apostres a notifié tout ce qu'il a ouy
du Père; et d'autant que Jésus est plus excellant et parfaict
que Moyse, plus est sa doctrine excellante et parfaicte. Or estoit-
il grandement deffendu par Moyse de ne riens adjouster ou oster
de ce qu'il avoit enseigné, ne de faire autrement qu'il avoit
commendé, suyvant la bonne intention et ce qui semble bon,
mais faire seullement à Dieu ce qu'il avoit commendé. Parquoy grandement est deffendu de ne rien adjouster ou oster de
ce que Jésus a commendé, ne de faire autre chose que ce qu'il a
commendé, tellement que si sainct Pol, ou autre quecunque soit,
voyre quant seroit ung ange du ciel, qui adnunceroit autre chose,
qu'il soit mauldict et execcrable.

Et de ce qu'on a voulu monstrer comment l'Église a l'auctorité d'approuver l'Évangille et diffinir « cecy est la parolle
de Dieu, » et par ainsi puisqu'elle juge de la parolle de Dieu,
elle est sus la parolle et peult ordonner, comme les apostres
ont faict au premier concil, combien que ce ne feust commendé de Jésus en l'Évangille, aussi ceulx qui viennent après,
représentans l'Église universelle, (laquelle gouvernée par le
sainct esprit ne peult errer), ont peu faire des ordonnances
bonnes et sainctes qu'on doit tenir et garder, — a esté monstré comment la parolle de Dieu est sur tout et n'est point jugée,

mais juge tout, car elle est éternelle et devant[1] l'Église, et n'est parolle congneue par l'Église, ne approuvée par icelle, mais l'Église est congneue et approuvée par la parolle de Dieu, tellement que par la parolle de Dieu l'on congnoist quelle est la congrégation et l'église des malings, et l'Église saincte et l'espouse de Jésus. Et rien n'a esté ordonné par la saincte Église de Dieu au premier concille que Jésus n'aye commendé, nous commandant de garder charité l'un avec l'autre, de gangner nostre frère, de ne le scandalizer, à quoy a tasché le premier concille, affin que les idolâtres qui avoyent receu la foy ne scandalizassent les Juifz qui croyent en Jésus. Et de ce qui est dict de Jésus à ses apostres qu'il a à dire plusieurs choses qu'ilz ne peuvent présentement porter, et ce que sainct Jehan a escript que Jésus a faict plusieurs autres signes qui ne sont point escriptz en ce livre, — pourtant nostre Seigneur envoyant son sainct esprit a révélé tout plain de bonnes ordonnances aux apostres et leurs successeurs, que nous devons tenir, — a esté monstré comment les passaiges par eulx-mesmes sont déclairez, car il est dict que le sainct esprit qui leur sera donné les enseignera et leur réduira à mémoire tout ce que Jésus leur a dict, non poinct pour y adjouster à ce que Jésus leur a dict, mais pour y entendre et en avoir souvenance, comme il appert de sainct Pierre : quant vint à Cornelius, il eut souvenance, voyant le sainct esprit descendre sur ceulx qui n'estoyent ne circuncis, ne baptisez, comment Jésus avoit dict : « Jehan a baptisé d'eaue ; vous serez baptisez du sainct esprit, » et semblables de la vocation des gens et de l'abrogation de la loy. Et ce de sainct Jehan est clair, parce qu'il dict après : « Cecy est escript affin que vous croyez que Jésus est le Christ et, croyans, ayez la vie. » Si donc, en croyant, on a la vie et ce est souffisant pour croire, n'est-il pas suffisant au salut ?

Donc riens de ce qui a esté nécessaire au salut n'a esté délaissé, et ne fault penser que ceulx qui se dyent l'Église, (qui ont faict plusieurs ordonnances, statutz et commendemens, et ceulx qui commendent qu'on les garde), dient avoir le sainct esprit et estre conduictz et menez par icelluy ; ains

---

[1] C'est-à-dire : *antérieure à l'Église.*

au contraire ont l'esprit d'erreur et le suyvent et, au lieu de
donner doctrine qui soit de Dieu, enseignent et treuvent doctrines diabolicques, estans hors de la foy (comme dict le
sainct apostre), deffendant le mariage et l'usaige des viandes,
introduisantz sectes de perdition, soy disans l'un de sainct
Françoys, Dominique, Augustin, Benoist; où[1] il est deffendu de
ne soy dire de sainct Pierre, de sainct Pol, ne tenir autre reigle
que de Jésus, car tous les christiens ne doivent avoir qu'une
reigle, c'est le sainct Évangille, et toutes institutions d'ordres
ne sont que vray renoncement de Dieu, lequel seul nous devons
tenir Père, qui nous donne estre, vie et salut. En ce qu'on
nomme autres pères que luy, comme nous donnans reigles et
ordonnances, par lesquelles ayons salut, est renuncé Jésus,
l'Évangile et le baptesme; car puys qu'on s'arreste aux reigles
et ordonnances des hommes pour avoir salut et que les hommes
en gardant leurs reigles nous promectent la vye éternelle, desjà
confessons avoir le salut et la vye éternelle par autre que Jésus,
et que l'Évangille n'est souffisant pour nostre salut, et que l'es-
tat qu'avons promis de tenir et garder au baptesme n'est assez
parfaict pour avoir la vie, mais en fault avoir ung autre plus
parfaict.

Puisque toute perfection est en Jésus, en son Évangile et
en ce qu'avons promis au baptesme, en confessant qu'un autre
est plus parfaict, nous renonceons celluy qui seul est parfaict,
pour vouloir monstrer les ordonnances de l'Église estre bonnes,
principallement celles qui sont commendées communément à
tous qui sont soubz l'obédience du pape et qu'on a gardé long-
temps, sans soy arrester aux reigles des religieux, qui ne sont
gardées que d'aucuns particuliers, et les ordonnances qui sont
particulières à aucuns pays et aux diocèses particuliers n'ont
apparance d'estre receues[2] de l'Église universelle et ne sont
directement appellez commandemens de l'Église. Mais les cinq
commendemens de l'Église, qu'on dict après les dix commendemens de la loy, comme d'ouyr la messe les dymenches et les
festes, de soy confesser une foys l'an, recevoir son créateur

---

[1] C'est-à-dire : *alors que.*
[2] Le ms. porte : *receuees.*

aussi, faire les festes, jeûner les vueilles, caresme et les Quatre-Temps, qui pour bonne cause ont esté instituez et ordonnez et receuz de tous?

Premièrement [1], jeûner est une bonne œuvre et saincte; pourtant l'Église, pour bon regard, affin que le peuple soit en milleure disposition pour faire mémoire de la nativité de nostre Seigneur et de ses sainctz, ordonne que la veille l'on jeûne, et aussi des jeûnes comme des Quatre-Temps et du caresme; où a esté monstré l'abuz qui est en telles ordonnances, par lesquelles la liberté chrestienne est chargée, superstition introduicte en différence des jours et des viandes, ce que nous a esté deffendu de Dieu. Et la vraye manière de jeûner est ostre [*l.* autre] d'entre les chrestiens, car ainsi que la prière doit estre franche et libre, et l'aumosne aussi, ainsi doit estre le jeusne: c'est quant l'esprit de Dieu nous meult à macérer nostre chair et nous humilier devant Dieu, lors nous devons suyvre l'esprit de Dieu, comme ont jeusné les sainctz serviteurs de Dieu, Moyse, Hélye et autres, non point par commandement des hommes. Et semblablement les fidèles, quant Dieu nous menasse, comme ceulx de Ninive, en demandant à Dieu mercy, peuvent recourir au jeusne, sans en faire loy pour l'advenir, ou quant pour nécessité du peuple l'on eslit ung porteur de la parolle de Dieu. Ainsi que au temps des apostres on jeusnoit, aussi est à louer de jûner sans faire loy; « ung tel jour, tous les ans l'on jeûnera et ne mangera-on autre viande que telle. » Cela est contre le commandement de Dieu. L'on a voulu monstrer que, aux Quatre-Temps, on ordonnoit les prebstres et, à cause de ce, l'Église avoit institué le jeûne. Mais, par la doctrine qu'on a tenue, a esté monstré comment tout au contraire a esté faict: c'est que pource que on avoit failly par pensée, parolle et œuvre, pour satisfaire, l'on jeûnoit troys jours, qui est gros blasphème contre la satisfaction qu'avons par Jésus. Et d'autre part, tous les Quatre-Temps le prescheur qui sert en l'adnunciation de la parolle ne meurt, pour qu'il en faille tous les Quatre-Temps eslire ung autre et jeûner ainsi troys jours. Qu'on appreuve [2] de jeûner

---

[1] En marge : *L'argument de l'adversaire.*
[2] En marge : *A esté arresté qu'on appreuve de jeûner.*

comme nostre Seigneur commende, secrètement, sans en demander gloire des hommes, sans observer les jours, ainsi que par l'esprit de Dieu l'on est mené, non point par les tradicions des hommes et par leurs commendemens, par lesquelz Dieu est servy en vain, sans distinctions des viandes; car plus plaist à Dieu qui sobrement mange de la chair que celluy qui se remplist de poisson. Et l'exemple de nostre Seigneur Jésus, qui a jeûné quarente jours, nous oblige encore moings que l'exemple qui [l. qu'il] nous a donnée en guérissant les malades, resuscitant les morts, ce qu'il a commandé à ses apostres qu'ilz feissent, là où il ne commenda jamais qu'ilz jeûnassent quarente jours, et ne lisons point que les apostres les ayent jeûnez, comme nous lisons qu'ilz ont guéry les malades et resuscité les morts, ce que leur estoit commandé. Et pourtant ne fault soy eslever sur Jésus Christ ne donner loy où il n'en a point donné.

Quand est d'ouyr la messe le dymenche et les festes, premièrement a esté dict que n'avons autre jour pour feste que le dymenche : non point pourtant qu'il soit plus grand ne plus digne que un[1] autre jour, car tous les jours aux chrestiens sont esgaulx, qui ne garde[nt] ne semblablement observent ne jour, ne moys, ne temps, ne année, mais sanctifient tous les jours, et [cela] pour garder charité, affin que tous les fidèles se reposent d'un accord et que tous puissent convenir ensemble pour la parolle de Dieu, donnant repos au prochain qui nous sert; avoir travaillé six jours, l'on se repose le septiesme. Et en ce l'Église n'a point de son auctorité commendé de soy reposer le dymenche et n'est point le commandement de l'Église, mais de Dieu, qui a dict : *Six jours tu te travailleras : au septiesme, te reposeras.* Ainsi que celluy qui voit ung personnage qui est en nécessité et veoit ung qui luy est prochain et est tenu de luy ayder, disant: *ayde à cestuy,* il ne luy commende point et n'est pas son commandement, mais de Dieu, qui commande qu'on ayde à celluy qui a nécessité.

Et quant est d'ouyr la messe, c'est ung commandement très méchant et abhominable, veu qu'il n'y a chose sur la terre plus

---

[1] Le ms. porte : *une.*

contraire à Dieu, commanceant à l'eaue béniste, où le salut est attribué à l'aspersion du sel et de l'eaue, comme contient l'enchanterie et conjurement du sel et de l'eaue, ainsi qu'il appert par la lecture d'icelle : et faict l'on grosse injure à Dieu et à ses bonnes créatures, comme si Dieu ne les avoit point bien et deuement bénistes et que le prebstre les bénist mieulx que Dieu. Ces adjuremens sont prins des idolâtres, et le pape et les siens renversent ouvertement la parolle de Dieu en attribuant à leur eaue adjurée ce que la parolle de Dieu attribue au sang de Jésus, comme appert *de consecra. dist. tertia, aquam sale* [1].

Et de la procession, qui est en sortant de l'Église, en tournant à l'entour et puys retournant dedans, [elle] signifye que nous sommes sortis du ventre de l'Église et puys vivons au monde, jusques à ce que nous mourons et retournons à l'Église ; et va la croix devant nous, car Jésus a dict : *Qui veult estre mon disciple, qui* [l. *qu'il*] *renonce soy-mesme, qu'il porte sa croix et me suyve.* A esté monstré que c'est une folye prinse des idolâtres, qui ont faict ainsi à leurs dieux, et, par le commendement de Dieu, ne devons faire comme eulx, mais nous en garder, et, par la signification qu'on donne, il fauldroit que tous les fidèles feussent hors de l'Église, tant qu'ilz vivent en ce monde, jusques à ce qu'ilz meurent : ce qui est répugnant à la parolle de Dieu, car tous vrays fidèles sont vrayement en l'Église et de l'Église de Dieu. La croix que nous devons porter n'est de boys, ne d'or, ne d'argent, mais sont noz tribulations que patiemment devons porter, puisque nostre Seigneur est venu nous monstrer comment il fault adorer le Père en esperit et vérité. Pourquoy ramenons-nous le peuple aux cérémonies vaines ? S'il ne nous est loysible de garder celles que Moyse a instituées par le commandement de Dieu, par plus forte raison ne fault tenir les cérémonies ordonnées des hommes sans le commandement de Dieu.

Après l'eau béniste et la procession, on est venu à la messe [2],

---

[1] Grat. decr., pars III, *De consecratione,* dist. III, c. 20.

[2] Le copiste avait écrit : « on est venu à la messe particulière, c'est celle....., » omettant ainsi deux lignes du texte qu'il avait sous les yeux : il les a rétablies en marge.

pourtant que, principallement au dymenche, on faict l'eaue béniste et la procession. Et premièrement d'un accord a esté condempnée la messe particulière : c'est celle que les prebstres dyent, sans communicans avec eulx, et là où on ne donne le pain de nostre Seigneur et le calice à tous, car cela est droictement contre l'ordonnance de Jésus, et aussi toutes messes fondées et qui sont dictes pour autre chose que pour remémorer la mort et passion de Jésus, comme pour maladies, pour cecy et pour cela, et qui sont dictes d'autre que de Dieu, comme de sainct Claude, du sainct suaire et autres. Mais pourveu que la messe aye communion et que tous viennent communiquer et qu'elle soit en mémoire de la mort de Jésus, on a tasché de vouloir monstrer qu'elle seroit bonne. A quoy a esté dict que, par ce qui a esté admis, toutes les messes qui ont esté dictes depuys qu'elle a esté ordonnée ne vallent riens, veu que par leur contenu n'y aye ce qui est proposé devoir estre en la messe ; car, de tous [1], la messe a esté ung sacrifice, auquel Jésus, filz de Dieu, est offert au Père pour les péchez des vivans et des mortz, et tenue pour la plus grosse satisfaction qu'on puisse faire pour les péchez, et qu'il n'y a rien plus efficax pour impétrer la grâce de Dieu.

Des habitz, comme de l'amict, qui est ung tablier, comme l'aube est une chemise de femme, et du bendon, que, par grosse ignorance, appellent une estolle (car estolle signifie une robbe longue qui vient jusques aux tallons), de la chasuble et autres habillemens, qu'il fault que l'évesque bénye, comme aussi fault qu'il fasse [2] le prebstre, — tout autrement que la parolle de Dieu ne porte, faisant grosse injure au peuple de Dieu qui le doit eslire, — on a voulu monstrer qu'il a esté prins dès habillemens de Moyse, comme l'autel aussi. De quoy a esté monstré, puisque les cérémonies des Juifz sont abrogées et ont prins fin par la mort de Jésus, que meschamment l'on retourne le peuple chrestien à icelles et le faict-on judayzer, comme si Jésus n'estoit point venu et comme si nous attendions le Messie avec les Juifz, et que trop grosse injure est faicte à l'Église de

[1] C'est-à-dire : *de l'avis de tous.*
[2] C'est-à-dire : *consacre.* Le ms. porte : *passe.*

Jésus et à la lumière de l'Évangile de mesler les observations prinses de la synagogue judaïque et des umbres mosayques avec ladicte lumière. Et s'il est ainsi que le sainct apostre dict de la circuncision, laquelle nostre Seigneur Jésus a prinse, et tous ses apostres ont esté circuncis : *si vous estes circunciz, Christ ne vous proffite riens,* par plus forte raison, prendre autres cérémonies que Jésus n'a point prinses ne ses apostres, comme des habillemens des sacrificateurs, est contrevenir à Jésus et à sa pure doctrine et ordonnance. Et ce qui a esté admené des armures, desquelles se fault armer contre les ennemys, contre les puissances spirituelles, comme dict l'apostre, a esté monstré la besterie du pape et des prebstres, qui, contre l'ennemy invisible, prennent armures visibles, n'entendans riens de ce que l'apostre parle, qui veult que soyons armez de Jésus. Et a esté monstré comment les accoustremens, autelz et telles cérémonies ne doyvent estre en la saincte cène de Jésus, veu qu'elles sont prinses une partie des Juifz et une partye des idolâtres.

De l'introicte, a esté monstré que l'on faict mal de la chanter, comme est de coustume, en ung chant de tant de nottes et en langaige que le peuple n'entend point, et couppant le psalme qu'on devroit chanter entièrement et de cueur, sans vanité, estans d'accord qu'il n'est point mauvais que tous les fidèles, quant ilz conviennent ensemble, que, de cueur et avec ce aussy de la bouche, ilz chantent tous ung psalme, en leur langue, que tous entendent, louans Dieu[1]. Semblablement plus l'on fault au *Kyrie eleeson,* qu'on n'entend[2], le plus souvent, ne le prebstre, ne le peuple, et n'y a que la voix non entendue, et le peuple de

---

[1] Ce passage est à noter. En effet, « bien que la prière chantée ait été, dès la plus haute antiquité, une partie essentielle de tous les cultes, monothéistes ou polythéistes, on constate pourtant son absence au début de la réforme française. Dans la liturgie attribuée à Farel (*La manière et fasson,* 1533), le chant des cantiques ou des psaumes n'est pas mentionné, mais il apparaît dans le mémoire que Calvin, de concert avec le même réformateur, présenta au Conseil de Genève pour organiser l'église de cette ville (janvier 1537). » *Revue crit. d'hist. et de littérature,* 1881, I, p. 89. — Cf. O. Douen, *Clément Marot et le psautier huguenot,* t. I, p. 271, 278; — Herminjard, *Corr. des réf.,* t. IV, p. 163, n. 15.

[2] C'est-à-dire : *que n'entendent.*

Dieu est sans fruict en ces cérémonies, comme aussi du *Gloria in excelsis*. En l'épistre et l'évangile font grande injure à Dieu, à son Escripture et au povre peuple, car la saincte Escriture est pour rendre tesmonage de Jésus; qui bien la considère, bien [1] [l']entend, et les prebstres, en chantant qu'on ne les entend, font que les fidèles sont privez du tesmonage de Jésus. Puisque l'Escripture, inspirée de Dieu, est utille pour enseigner, corriger, reprendre et instruire, affin que l'homme intérieur soit parfaict, ne faict-l'on grosse injure à la saincte Escripture la prendre sans qu'elle serve à sa fin et au peuple, qui est privé du fruict de la parolle qu'on chante, laquelle doit estre preschée et déclairée, non chantée ne leue, sans estre entendue; ce qui est grandement deffendu d'estre faict devant le peuple, qui est l'Église, comme le sainct apostre bien monstre [2], commandant que celluy qui parle en langue qu'il se taise, si ce qu'il dit n'est déclairé, car celuy qui parle sans estre entendu il parle en l'air et vainement. Et nostre Seigneur Jésus n'a point dict: « Chantez et lisez l'Évangile, » mais a commandé: « Allez, preschez l'Évangile à toute créature. » La confession de la foy doit bien estre entendue de tous et estre faicte non seullement de bouche, comme l'on faict au *Credo* qu'on chante sans entendre, mais de cueur, et les vrays chrestiens au milleu des tourmens et doleurs de la mort confessent leur foy, non point en chantant en orgues et délices.

L'offrande a esté confessée estre au lieu des collectes qu'on faisoit en la première église pour les povres indigens, et meschamment sont prinses des prebstres, et le diacre n'estoit point pour chanter, mais pour ayder et secourir aux indigens, distribuant les aumosnes de l'Église.

Le lavabo est prins des idolâtres, comme a esté monstré de Virgille et d'Ovide.

Touchant ce que le prebstre faict en prenant le pain et le calice, disant: « Que la saincte trinité reçoyve l'oblation, » laquelle il offre « pour luy et pour ceulx ycy et pour tout le peuple chrestien, affin qu'ilz reçoivent au présant siècle rémission de

---

[1] Le ms. porte: *et bien entend.*

[2] En marge: *1 Corin. 14.*

tous les péchez et en l'autre la vie éternelle, et pour l'âme de ton serviteur, et pour les âmes de tes serviteurs et de tes chambrières, que tu leur donnes la vie éternelle, » bien se déclaire le prebstre qu'il se mect au lieu de Jésus, lequel seul a offert pour la rémission des péchez et pour donner la vie aux vivans et aux trespassez, et ce que nostre Seigneur Jésus a faict et obtenu par sa mort et passion, le prebstre attribue à son pain et vin, qu'il appelle sacrifice, disant encore : « nostre sacrifice soit faict, ainsi qu'il te soit plaisant et qu'il soit receu de toy, » au nom du Père et du Filz et du sainct esprit, faisant la croix sur le pain et le calice, et en mectant les mains sur iceulx, dit : « vien, invisible sanctificateur et gardien, béneys et sanctifie ce sacrifice préparé à ton nom sainct, » et après dict son *orate pro me* et la secrète, comme ung enchanteur, comme s'il faisoit venir une grosse vertu sur le pain et le vin, en quoy a esté monstré faire tout autrement que Jésus n'a commendé et qu'il n'est contenu en la parolle de Dieu, car en nulle part se peult monstrer Jésus avoir ainsi ordonné, ne aucun apostre l'avoir aussi escript.

Sur le canon, lequel personne n'a voulu maintenir ainsi que les prebstres le tiennent et comme ceulx qui ont escript dessus en escrivent, mais, quant est faicte mention de sacrifice et d'offrande, que ce ne doit estre entendu du pain ne du vin, que cela n'est point le sacrifice, ne aussi le corps de Jésus, lequel n'est point réallement au sacrement et n'est point offert, mais seullement commémoration, laquelle l'Église appelle sacrifice de louange, et n'a entendu l'Église autrement que de faire la commémoration, en quoy toute l'intention de tous les prebstres est rejectée. Et néanmoins a esté monstré comment ceste couverture ne peult servir au canon qu'il ne soit contre Dieu, en quelque sorte qu'il soit prins, considérant les parolles et les signes qui sont faictz en iceluy ; car, par ce qui a esté dit et les croix qui sont faictes sur le calice et sur le pain, tant devant le lavabo que après, où tousjours sur le pain et le calice est faicte mention de sacrifice et appellé sacrifice, et parler en autre sorte est parlé contre tous qui ont escript depuys que la messe est messe, et droictement destruire l'intention des messars, car au *Te igitur* est dict : « Que tu ayes aggréables et béneyz ces † dons, ces † présans, ces † sainctz sacrifices, qui n'ont esté touchez

premièrement, que nous te offrons pour ta saincte Église catho-
licque, laquelle tu gardes pacifiez, assemblés et régissés par toute
la terre, » car ce pronom *hec, ces*, avec la croix faicte, déclaire
et monstre le pain et le vin, sur lesquelz la croix est faicte, et
non tout ce qui est faict en la messe, et grande injure est faicte
à la mort et passion de Jésus, qui est mort pour assembler les
filz de Dieu, qui estoient espars, et ce est attribué par le prebstre au pain et vin. Et n'est assez, mais, au *memento*, le prebstre, faisant semblant de dormir, dit: « Seigneur, aye souvenance
de tes serviteurs et tes chambrières, et de tous les circunstans,
et de tous les fidèles chrestiens, desquelz la foy t'est congneue
et la dévotion, pour lesquelz nous te offrons, ou lesquelz te
offrent pour eulx et les leurs, ce sacrifice de louange pour la
rédemption de leur âme. » En quoy le prebstre grandement blas-
phémant le bon Sauveur Jésus, lequel a esté pendu en croix,
couronné d'espines, piedz et mains persées, plain de détresse,
angoisse et doleur, pleurant et gémissant pour nous, n'ayant
une goute d'eaue, crié et mocqué de tous, tout nud entre deux
brigans, le plus affligé, le plus pressé qu'on ne pourroit dire,
tellement qu'il a dit : « Mon Dieu! Mon Dieu! Pourquoy m'as-
tu délaissé ? » Ainsi, baissant la teste, recommendant son esprit
au Père, a rendu l'esprit et a consummé nostre rédemption. Le
prebstre, voulant faire une autre rédemption [1], par laquelle il se
dit avoir plus d'auctorité que tous les sainctz et sainctes de para-
dis, bien vestu, estant honnoré sur tous, entre diacre et soubz-
diacre, en toute éminance, honneur et gloire, chansons, mélo-
dies, sans nul mal ne desplaisir, dit faire nostre rédemption;
car Jésus, offrant pour nostre rédemption, nous a rachaptez, et
aussi le prebstre, offrant pour nostre rédemption, nous vient
rachapter, comme si Jésus ne nous avoit plainement rachaptez,
mais fût un rédempteur imparfaict. Et sur ce qui estoit dict
qu'on ne faisoit que offrir la mémoire de la mort et, qu'en remé-
morant la mort et passion, on offroit au Père pour nostre rédemption, et ce s'appelloit le sacrifice de louange, a esté dict que nous
ne sommes point rachaptez par cela que nous offrons et donnons

---

[1] Le copiste a écrit en marge ces sept derniers mots, qu'il avait omis
dans le texte.

au Père, mais parce que Jésus a offert et que le Père nous a
donné, et que telle manière de parler est contraire à l'Escripture, laquelle ne dit point « offrez pour la rédemption, » mais
« faictes en mémoire de moy, » et ne dit point que, pour la
mémoire de la passion, ne parce que nous offrons, soyons
rachaptez, mais par la mort de Jésus et ce qu'il s'est offert pour
nous. Et fault demourer en la pureté de la parolle de Dieu et de
ses ordonnances, sans inventer parolles et façons de faire hors
de l'Escripture.

Au[x] *communicantes*, a esté monstré comment contre l'ordonnance de Jésus, qui a dit «faictes cecy en ma mémoire, » que
toute la cène doit estre en la mémoire de Jésus, car luy seul
est mort pour nous, non point Line, ne Clète, ne Grisogone [1], ne
autre, non point la vierge Marie, et nous fault arrester aux
mérites de Jésus, et non d'autre, comme portent les *communicantes*. Et combien que nous ayons mémoire des bons serviteurs
de Dieu, affin que, regardans leur yssue et fin, nous suyvions
leur foy, si ne fault-il pourtant faire la cène en mémoire d'eux.
Et bien est abbatue la nouvelle intelligence qu'on veult bailler
au canon, contre tout ce qui a esté faict et dit avant qu'on par-
last de l'erreur de la messe, c'est qu'on ne prétend d'offrir que
la mémoire, quant le prebstre dit « laquelle oblation, toy, Dieu,
bénite [2], † ferme, † aggréable, † raisonnable et acceptable
vueillez faire, affin que nous soit faicte le corps et le sang † de ton
filz très amé, » car tout cecy est faict et dit sur le pain et le
calice, tellement qu'on appelle le pain *l'hostye*, et faict-on gros
nombre de croix que font les enchanteurs, ce que Jésus ne ses
apostres ne firent jamais et n'ont aussi commandé de faire. Et
après, prenant le pain, le prebstre dit que Jésus, le jour devant
qu'il souffrist, print le pain, — là où le sainct apostre dit que
c'estoyt la nuyt qu'il fut livré, — eslevant les yeulx au ciel, —
ce qui n'est point en l'Escripture, — en rendant grâces à bényr †,
— où les prestres monstrent leur asnerie, pensans que bénédic-

---

[1] On sait que l'Église romaine fait figurer les noms de Lin et de Clet
parmi ceux des premiers successeurs de saint Pierre. Quant à Chryso-
gone, il aurait été martyrisé sous Dioclétien.

[2] Le ms. porte : *beni le.*

tion soit faire la croix et non bien dire, — l'a rompu et donné à
ses disciples, disant « prenez et mangez de cecy tous, » en quoy
les prestres font tout au contraire, mangeans seulz ; « *car* cecy
est mon corps, » où les prebstres dyent qu'en la forme des
sacremens qui sont les parolles qui [1] ne fault rien adjouster ne
laisser, ilz adjoustent *enim*, ce que nul a escript, et laissent ce
qui grandement est nécessaire à croyre aux chrestiens : et pour
la saincte cène de nostre Seigneur, c'est « qui pour vous est
livré ; faictes cecy en ma mémoire ; » car grandement console les
chrestiens d'entendre que le corps de Jésus a esté donné pour
nous, et deuement est faicte la cène de nostre Seigneur, quant
seullement est faicte la mémoire de Jésus. Et le prebstre dit les
parolles sur le pain secrètement, qui doivent estre preschées
haultement à tous, et entend le prebstre par ces parolles qu'il
a dictes qu'il ayt changé et transsubstantié le pain au précieux
corps de Jésus, lequel, en vertu du charactère de la prestrise et
des parolles proférées avec l'intention sur matière deue, il faict
descendre du ciel. Et pourtant il lième le pain, souffle et le faict
adorer comme Dieu, contre toute la parolle de Dieu, laquelle
deffent de cercher Dieu en choses visibles, ne choses faictes de
main d'homme, mais, ainsi que Dieu est invisible et esprit, le
fault adorer non en cecy, ne en cela, mais en esprit et vérité.
D'où vient donc ceste arrogance aux prebstres, qui, tous ensemble, à toutes leurs parolles, ne pourroient guérir ung pied de
mosche, ne la faire aller droicte, qu'ilz facent que le corps précieux de Jésus vienne du ciel entre leurs mains ? Où ont-ilz la
promesse que, toutes foys qu'ilz diront cinq parolles, que Jésus
viendra en leurs mains ? Qui leur a commandé de dire les parolles et de faire venir le corps de Jésus ? A ce qui a esté dict que
Jésus a dict « cecy est mon corps, » qui bien se déclaire, disant
« qu'il est livré pour vous, faictes en ma mémoire, » comme bien
il a déclairé quant il disoit « si vous ne mangez la chair du Filz
de l'homme et ne beuvez son sang, vous n'aurez point la vie en
vous, » quant il a dit « la chair ne proffite riens, l'esprit est qui
vivifie, les parolles que j'ay dictes sont esprit et vie, » pourtant
il fault que, par ces parolles, Jésus vienne en corps. Et Jésus

[1] Lisez : *où il ne.*

n'a-il pas dict au ladre « soys guéry » et est ainsi advenu?
Pourquoy ne dictes-vous au ladre qu'il soit guéry? Car nostre
Seigneur commenda à ses apostres qu'ilz guérissent les ladres
et ne leur a point commandé qu'ilz facent venir son corps du
ciel entre leurs mains. Puisque les prebstres dyent avoir l'auctorité des apostres pour faire venir le corps de Christ, pourquoy
n'ont-il[z] aussi pour guérir les ladres et qu'ilz ne dyent les
parolles que Jésus leur a dictes pour les guérir? Et s'il est ainsi
que les prebstres dyent, nostre foy est incertaine, ainsi comme
est celle de ceulx qui tiennent leur doctrine, et ne saurait-on
si on commectroit idolâtrie ou non, car comment puis-je sçavoir
si le prebstre a dit les parolles qu'il dit tout bas? Comment sau-
ray-je s'il a l'intention et s'il a matière deue? Car si ces troys
choses ycy n'y sont, avec ce que le prebstre soit deuement
ordonné, cuydant adorer Jésus, il adore le seul pain. Il a esté
monstré par sainct Luc que, tout ainsi que l'aigneau est appellé
passaige, *pasques* (dict-l'on), pourtant qu'il est mémoire du passaige, ainsi le pain est appellé le corps de Jésus, pourtant qu'il
est mémoire du corps ; et mesmes par sainct Augustin, qui dit:
Ainsi que nous disons « aujourd'huy est la nativité de Jésus, »
non point que aujourd'huy Jésus soit nay, mais que nous faisons
mémoire de la nativité de Jésus, qui, en ung tel jour, nasquit,
ainsi disons-nous du pain que c'est le corps de nostre Seigneur,
pourtant qu'il représente et est la mémoire du corps de nostre
Seigneur; car si les sacremens ne signifioyent les choses desquelles ilz sont sacremens, ilz ne seroient point sacremens ; et
à ce nous induict nostre foy qui dit que Jésus est monté ès
cieux, se sied à la dextre de Dieu, le Père tout puissant, et de
là viendra juger les vifz et les mortz. Les anges on[t] dit que
ainsi qu'on l'a veu monter, ainsi il viendra. Et Jésus nous dict que
si aucun nous dit « Christ est ycy, Christ est là, » que nous ne le
devons point croyre, car faultz Christ et faulx prophètes vien-
dront et séduyront plusieurs, et que son advènement sera
comme l'esclair, qui sort d'Orient et est veu jusques en Occi-
dent, ce que bien nous voyons, car autre ne voyons, fors « voilà
nostre Seigneur, » « regarde le corps de Jésus, » et les faulx
Christz, les faulx rédempteurs qui se dyent offrir pour la rédemption des âmes, les faulx prophètes, qui ont enseigné les songes

des hommes et non la pure parolle de Dieu. Puisqu'il fault que nostre trésor soit au ciel et qu'il fault cercher les choses de làssus et non celles qui sont sur la terre, mais celles d'en hault, où Jésus est assis à la dextre du Père, pas ne se fault arrester en choses qui soyent çà bas. Et à ce a-l'on esté d'accord que jamais aucuns des anciens docteurs n'ont creu ainsi, ains seullement par la méchanceté de Hildebrandus, qui a esté dict Gregorius septimus, ceste meschante oppinion a esté introduicte; et on a faict à Berangarius[1] une cédulle qui confessoit que le corps de Jésus réallement estoit touché et rompu des mains des prebstres, *de consecra. distin. secunda*[2], au sacrement, et brisé des dentz des fidelles; à quoy jamais ne consentit, mais depuys a enseigné du contraire qui [*l.* qu'il] n'estoit que la mémoire. Et les parolles qui sont dictes sur le calice ne sont aussi escriptes en nulle part de la saincte Escripture, comme a esté monstré; parquoy tous les prebstres, avec tous les docteurs des sentences, font contre leur doctrine, changeans la forme, et en confirmation qu'ilz n'entendent et que le canon ne s'entend que du sacrifice du pain et du vin, et non selon l'intelligence que de présent l'on tasche luy donner. La chose est claire quant le prebstre dict: « Nous offrons à ta Majesté très claire de tes dons et de tes choses données, l'hostie † pure, l'hostie † saincte, l'hostie † immaculée, le pain † sainct de vie éternelle et le calice † de salut perpétuel. » En quoy bien appert que tout est attribué au pain et vin, que le prebstre donne à entendre estre le corps et le sang de Jésus, ce qu'en après bien il monstre, quant, contre le pain, il dit: « Aigneau de Dieu, qui ostes les péchez du monde, aye mercy de nous, » faisant du sainct Jehan Baptiste, qui a monstré le filz de la vierge Marie, et le prebstre monstre une pièce de pain. Et voulant manger le pain, il dict: « Seigneur, je ne suys digne que tu entres soubz mon toict, » faisant[3] du santurion, et Dieu sçait en quelle foy. Et ainsi le prebstre, pensant offrir Jésus au Père, il le prye qu'il ayt aussi aggréable comme les dons d'Abel: en quoy bien se monstre l'orgueil des inventeurs du canon de

---

[1] Bérenger de Tours († 1088).

[2] Grat. decr., pars III, *De consecratione*, dist. II, c. 42.

[3] Le ms. porte : *saisant.*

soy eslever sur Jésus et vouloir prier pour luy. Et ne leur souffist d'estre si arrogans de soy dire moyenneurs entre Dieu et le peuple, se mestans au lieu de Jésus, mais encores se veullent mectre moyenneurs entre Jésus et le Père. Et en leur *memento* des trespassez, ilz prient pour tous ceulx qui reposent avec Jésus, en quoy a esté conclud qu'ilz prient pour sainct Pierre et pour tous les sainctz, et semblablement pour la vierge Marie. Et à ce qu'on a voulu dire qu'on prioyt pour la résurrection, a esté monstré que n'avons ne exemple, ne Escripture, de prier ainsi ; et quant fauldroit prier pour la résurrection, ne fauldroit non plus prier pour ceulx qui sont hors de ce monde que des vivans. Et quant [à] cest question de venir à la table de Jésus, ne fault tant barbouiller ne tant mesler de choses parmy, ains seullement ce que nous peult mouvoir à plus grandement rendre grâces à Dieu et avoir mémoire plus grande de Jésus et de sa mort.

Du purgatoire, a esté monstré qu'il n'y [a] autre que le sang de Jésus qui nous purge de tous noz péchez, et que ce qui ne sera purgé par le sang de Jésus jamais ne sera purgé, et que le feu n'a point plus de vertu que le sang de Jésus qui purge [1] ce que le sang précieulx de Jésus n'a purgé. Et fault croyre, comme nostre Seigneur a dit, que ceulx qui croyent et qui ont vraye foy en Dieu ilz sont sauvez et ceulx qui ne croyent point sont condempnez. Nous sommes bien [é]provez ycy en ce monde par le feu d'affliction, endurans et estans affligez, mais ce feu ne purge point, ains il précure. Le prebstre, avoir rompu l'hostie, en prend une partye et la mect au calice, disant « ceste saincte commixtion du corps et du sang de nostre Seigneur me soit faicte salut d'entendement et de corps, » comme si le corps et le sang les assemblast. Et fauldroit que le peuple, selon leur doctrine, ne print point le sang, mais seullement le corps, combien que leurs doctrines dyent le contraire en voulant soustenir la diabolicque conclusion faicte à Constance : ouvertement contre la parolle de Jésus, qui dict « beuvez de cecy tous, » fut conclud que autres que les prebstres ne beussent du calice, en quoy a-l'on convenu que celle ordonnance n'est à tenir. Et enfin a esté

---

[1] C'est-à-dire : *pour purger.*

monstré que la messe est horriblement contrevenante à toute la parolle de Dieu, plus qu'on ne sçauroit dire ; aussi qu'on ne doit changer la pure et saincte ordonnance de Jésus, qui est plus excellemment saige que tous les retaconneurs[1] de la messe, en laquelle chascun a volu mectre une pièce. Et plus nous devons arrester à Jésus que à tous. Et s'il est ainsi que le sainct roy Ézéchiel, voyant que le peuple péchoit en adorant le serpent d'aerain, que Moyse, par le commandement de Dieu, avoit faict faire et dresser, — lequel voyant, le peuple frappé des serpens fut guéry, — l'a faict rompre et destruire et ne l'a point voulu garder pour mémoire, par plus forte raison une si horrible idolâtrye, inventée par Sathan contre le commandement de Dieu, quelque apparence de saincteté qu'elle ayt, doit estre chassée et abbolye du tout, affin que la fureur de Dieu ne nous abisme, si, après la congnoissance, nous souffrons une chose si meschante et mauldicte, et au lieu d'icelle nous ne prenons la pure ordonnance de nostre Sauveur Jésus, qui, pour nostre salut, a donné son corps et son sang.

Sur le commandement de la confession, que, une foys l'an, l'on se doyve confesser de tous les péchez, qui est une charge importable et n'est possible à créature qui soit de les dire, — comme dit le prophète « qui est celuy qui entend les péchez ? » — et si l'on ne les peult entendre comme il est possible de les dire, pourtant, pour avoir rémission des péchez, ne les fault aller dire à l'aureille d'un prebstre, mais demander mercy au Père ou nom de Jésus, qui nous a promis que, tout ce que nous demanderons en son nom, nous l'obtiendrons, et, en pardonnant de bon cueur aux hommes, nostre Père nous pardonnera, comme nostre Seigneur Jésus nous a promis ; lequel nous a aprins de prier et demander pardon de noz offenses, ainsi que nous pardonnerons à ceulx qui nous offensent, et non point ainsi que nous les avons contez[2] au[x] prebstres. Et à ce que le roy Ézéchie a dict qu'il racomptera ses années en l'amertume de son

---

[1] *Tacon,* pièce que l'on met à un soulier ou à un habit ; *taconner, retaconner,* rapiécer.

[2] Le ms. porte : *coussez.*

âme, et que sainct Jacques [a dict] « confessez voz péchez l'un à l'autre, » et de ceulx d'Éphèse, qui confessoyent leurs faictz, et ce que le sainct prophète dict « j'ay dit : je confesseray au Seigneur mes péchez, » a esté monstré que tout ce ne sert à rien à la confession faicte au prebstre, car Ézéchye ne dit point « je diray mes péchez au prebstre, » mais, ainsi que chascun serviteur de Dieu doit songneusement regarder sa vie devant Dieu, et singulièrement ung roy et prince, ainsi promect-il de faire, car il est tout clair qu'en ce temps la confession n'estoit et n'y avoit point ne messe, ne prebstre chantant messe. Sainct Jacques ne dit poinct « confessez-vous aux prebstres, » ains veult que, pour induire nostre frère à prier pour nous, nous devons ouvertement confesser que nous sommes povres pécheurs, et singulièrement, quant aucun a faict tort à son prochain, il se doit réconcillier à luy, luy demandant mercy de ce qu'on luy a faict, si le prochain le sçayt, ou que, par ce qu'on luy dit, il n'en soyt point mal édifié et que la charité n'en soyt rompue[1], car il fault avoir esgard à charité, qui est la fin du commandement. Ceulx de Éphèze ont faict comme ceulx qui ont ouy sainct Jehan Baptiste et comme il advient quant la parolle de Dieu est preschée purement : lors, ceulx à qui Dieu touche le cueur, ouyant la parolle, comment Dieu veult estre servy, en fuyant toute idolâtrye, qu'on ayde aux povres, qu'on pardonne à tous, qu'on face bien à ses ennemys, entendans ce et voyans qu'ilz ont faict tout autrement, ilz confessent : « Ha ! que nous avons mal vescu ! que nous avons offencé Dieu ! » Ainsi les putains et les publicains, par la prédication de sainct Jehan Baptiste, confessoyent leurs péchez, non aux prebstres, mais ouvertement, et ceulx aussi d'Éphèse, bruslans les meschans livres. Et bien monstre le sainct prophète qu'il n'est besoing de soy confesser au prebstre pour avoir rémission de noz péchez, car, autrement, sans le prebstre ne pourrions avoir rémission de noz péchez et Christ nous seroit peu proffitable. Mais il a dict : « j'ay dit : je confesseray mes péchez au Seigneur et tu as remis l'iniquité de mon péché. » Il n'a point dit : « j'ay dit : je confesseray mes péchez au prebstre et tu m'as pardonné, » mais : « je me con-

---

[1] Le ms. porte : *rompuce.*

fesseray à Dieu. » Ainsi s'est confessay Daniel à Dieu, et le publiquain aussi, et ainsi font tous les bons serviteurs de Dieu, et non aux prebstres.

Et ce que les apostres ont puissance de retenir et remectre les péchez, ce n'est autre que, par la parolle de Dieu, adnuncer la rémission aux croyans et la comdempnacion aux incrédules ; et ainsi a esté practicqué par les sainctz apostres, car, ainsi que les apostres ont presché Jésus, ceulx qui ont creu par foy ont eu les cueurs purifiez et les incrédules sont demourez en leurs iniquitez, comme Jésus l'avoit dit, commandant d'aller et prescher l'Évangile à toute créature, disant : « Qui croyra et sera baptisé, il sera sauvé. » Voilà comment les péchez sont remis. « Et qui ne croira, il sera condempné. » Voilà comment les péchez sont retenuz. Et cecy sont les clefz du royaume des cieulx, c'est la parolle de Dieu qui ouvre aux croyans et ferme aux incrédules, laquelle les scribes et pharisiens[1] ont ostée et ont fermé le royaume des cieulx, n'y entrans point et n'y laissans point entrer ceulx qui y veullent entrer, car ilz n'enseignoyent purement le peuple et ne permectoyent que le peuple ouyst la pure parolle de Dieu, ne que aucun l'enseignast.

Et ainsi a esté arresté que la confession ne doit estre gardée et que le commendement d'icelle n'est selon Dieu.

Sur le tiers article, a esté monstré comme la pure parolle de Dieu porte qu'il fault adorer Dieu et servir à luy seul, et que les vrays adorateurs adorent le Père en esprit et vérité, puisque la saincte prière est celle de quoy Dieu veult estre honnoré et qu'il ne donnera point son honneur à autruy. Il ne fault point faire sa prière à ceulx qui sont hors de ceste vie, car comme dit Ésaï, parlant à nostre Seigneur : « Tu es nostre Père, Abraham ne nous a point sceu et Jacob nous ignore, » monstrant que ceulx qui sont hors de ceste vie n'ont congnoissance ne mémoire de nous. Et quant l'on dit : les saincts qui sont avec nostre Seigneur, cependant qu'ilz estoient en ce monde ilz ont eu charité,

---

[1] Le copiste, n'ayant pu déchiffrer ces trois derniers mots sur le ms. original, a laissé leur place en blanc et c'est une autre main qui les a tracés plus tard.

laquelle ilz n'ont point perdue, pourtant si par charité ilz pry-
oient en ce monde, ilz prient en l'autre, et partant nous les
povons bien prier, — il ne s'ensuyt point, puisque les saints par
charité estans en ce monde preschoient, il fault, puisque leur
charité n'est point amoindrie, qu'ilz preschent maintenant et
qu'ilz enseignent le monde, veu qu'il est plus nécessaire qu'ilz
enseignent que de prier. Il fault que nous fas[si]ons ce que nous
faisons en foy, car tout ce qui n'est faict en foy est péché. Et la
foy vient de l'ouye de la parolle de Dieu. Puisque la parolle de
Dieu ne contient point que nous devons prier ceulx qui sont
hors de ce monde et n'y a ne commandement ne aucun exemple
en la saincte Escripture, ceulx donc qui les prient pèchent, veu
qu'ilz ne les peuvent prier en foy.

Quant est des imaiges, cependant que le peuple estoit soubz
les umbres et sacrifices visibles et matérielz, nostre Seigneur
les a grandement deffenduz, commandant qu'on ne les feist et
qu'on ne les adorast ne honnorast[1], et a griefvement puniz ceulz
qui les ont faictes, tellement que par plusieurs foys le peuple en
a esté mis en grosse captivité, les royaumes en ont esté des-
truictz, et roys et peuples ruynez. Puisque nous sommes le peuple
spirituel, qui devons servir à Dieu en esprit et vérité, comment
povons-nous avoir aucunes images et les honnorer? La maleedic-
tion ne sera-elle plus grande sur nous que jamais ne fut sur les
anciens? Et ce qu'on dit que les images réduisent à mémoire
les faictz de Dieu et sont les livres des povres gens simples, et
que l'on n'adore et ne faict-on honneur aux images, car l'on
sçayt bien qu'elles sont de boys, de pierre ou d'argent, mais en
l'honneur de Dieu et des saints l'on faict honneur devant
l'ymage, — bien déclairent ceulx qui mectent telz propos qu'ilz
n'entendent rien de Dieu. Qui nous peult mieux réduire en
mémoire les faictz de Dieu, l'œuvre et l'ymaige de Dieu, ou l'œuvre et l'ymaige faicte de la main de l'homme? Bien est hors du
sens celuy qui, voyant la moindre créature qui a esté créé[e] de
Dieu, n'a plus souvenance de Dieu que de veoir toutes les imaiges
qui jamais furent faictes ; car plus y a de vie, de puissance et
vertu à la moindre beste que jamais Dieu feit qu'en toutes les

---

[1] Le copiste a ajouté ces deux mots en marge.

imaiges qui jamais furent ne seront faictes des hommes. Quel
livre fault-il aux chrestiens que l'Évangile de Jésus Christ?
Lequel n'a point commendé qu'on feit[1] des imaiges, des crucifix,
mais qu'on preschast l'Évangile à toute créature, qu'on enseignast tout ce qu'il avoit commandé, car il fault que les chrestiens
soyent saiges en bien et parfaictz de sens, et non idiotz et igno-
rans, menez par umbres et figures, comme les Juifz, et encor
moins menez et enseignez par imaiges, comme les payens. Et
ce qu'on dit qu'on n'adore point les imaiges et qu'on sçayt bien
qu'elles sont de boys, pourquoy faict-on plus d'honneur à une
imaige que à l'autre, à une grande que à une petite, à une
ancienne que à une nouvelle? Pourquoy va-l'on plustost à l'une
que à l'autre, comme il appert aux veuz et voyages, aux offren-
des, aux ensencemens des imaiges? L'une est honnorée et luy
offre-on, luy donnant de l'encens; l'autre n'est honnorée, ne n'a
aucune offrande, ne voiage. Cela ne vient-il point qu'on attribue
plus à l'une que à l'autre, et plus à ung lieu que à l'autre?
Certes le monde est grandement aveugle et bien est venu sur
luy ce que les prebstres chantent des imaiges des gens, qui sont
d'or et d'argent, qui ont des yeulx et ne voyent rien, des oreilles
et n'oyent point, des mains et ne touchent point, des piedz et ne
cheminent point. Semblables soyent faictz à eux ceulx qui les
font et ont fiance en icelle[s], car on veoit que les povres aveugles
n'oyent et ne veoyent, mais du tout sont inutiles à tout bien,
ne servans sinon à faire que le nom de Dieu soit blasphémé par-
tout et la saincte religion chrestienne, car tous se mocquent de
Jésus à cause de nostre idolâtrye, laquelle, d'autant que Jésus
est plus grant que Moyse, d'autant doit estre plus évitée des
chrestiens, plus sont tenuz de la déchasser et abbatre et faire
que Dieu soit purement servy et adoré, comme nostre Seigneur
Jésus le nous commande, auquel se fault plus tenir que aux
papes, ne autres, qui ont érigé les images.

Sur le quatriesme article, a esté assez monstré, par ce qui a
esté dit au second, en parlant de la messe et du purgatoire, que
ce que l'on dit au contraire est mal dict, et, qu'il n'y aye que le

---

[1] Ce mot est de la main qui a écrit plus haut : *scribes et pharisiens*.

seul sacrifice de Jésus, qui une foys a esté offert pour nous et
nous a consommez par ung seul sacrifice, assez est clair par ce
qui est contenu en l'épistre aux Ébrieux, où est déclairé qu'il
n'y a point d'autre sacrifice ne sacrificateur qui nous sauve que
Jésus.

Le cinq[u]iesme article a esté monstré par l'ouverte parolle de
Dieu, qui contient qu'il y a ung Dieu et ung seul moyenneur
entre Dieu et les hommes, Jésus, qui s'est donné soy-mesme en
rédemption, en quoy il est monstré comme il n'y a qu'un Dieu,
ainsi n'y a qu'un moyenneur, Jésus, lequel est nostre advocad,
comme sainct Jehan en donne tesmonage, disant que nous avons
ung advocat envers Dieu le Père, Jésus Christ le Juste, qui est
la propitiation pour noz péchez, et non seullement pour les
nostres, mais aussi pour ceulx de tout le monde. Donc qui ne
vouldra faire des sainctz son sauveur, ne des prebstres, aussi il
ne les dira ne tiendra pour moyenneurs, ne pour advocatz.

Sur ce, en conclusion, ont esté requis Messrs de Justice,
puisque les conclusions [1] tant clairement contiennent vérité et ne
sont prinses que de la parolle de Dieu, et qu'il n'y a personne
qui aye peu monstrer le contraire, et que ceulx qui les tiennent
à peyne de la vie les veulent soustenir, ne demandans nul mal
aux contredisans [2], et que plainement ont esté déclairez les grans
abbuz de la messe, imaiges et toutes inventions humaines, par
lesquelles le saint nom de Dieu est grandement blasphémé, le
povre peuple (pour lequel Jésus est mort) séduict et mené à
perdition : Pour l'honneur de Jésus, ayez pityé des povres gens;
ayez esgard à celuy qui a espandu son sang pour tous; ne souf-
frez plus que Dieu soit ainsi offencé en vostre ville, mais, comme
vrays chrestiens, regardans celluy qui vous a gardez et qui vous
a faict tant de grâce, prenez couraige à chasser toute chose
qui est contre le nom de Dieu et ne permectez rien qui ne soyt

---

[1] C'est-à-dire les thèses de Bernard.

[2] Cf. les paroles de Farel dans la séance du Conseil du 10 août :
*ipse et ejus socii cum eo se paratos obtulerunt substinere omnia que pre-
dicarunt, etiam usque ad mortem, ... nihil de presbiteris requirentes*, etc.

selon la parolle pure d'iceluy, et vous sentirez l'ayde de vostre bon Père, si, de tout vostre cueur, vous employez en son honneur et gloire, sans avoir aucun esgard à autre que à Dieu et au salut du povre peuple. Autrement, soyez certains que nostre Seigneur vous visitera et touchera griefvement, si, saichans sa volunté, ne la faictes, chaissant toute séduction et abusion qui est entre le povre peuple, duquel rendrez compte, car tout le mal qui sera commis par vostre négligence sera requis de vostre main et en serez puniz. Vous n'avez le jugement des hommes, mais de Dieu. Jugez justement: n'ayez point deux poix, ne deux mesures. Pensez en vous quel jugement nous aurions gangné, si les prebstres eu[s]sent mis conclusions contre nous, monstrans que nous abusons le peuple, et nous n'eussions peu monstrer du contraire, ou ne nous feussions trouvez pour maintenir nostre cause, combien que eussions esté par plusieurs foys appellez et requis maintenir nostre affaire en seureté. Advisez pour l'honneur de Dieu et jugez juste jugement. Que la cause de Dieu ne soit mise en arrière! Prenez le conseil de sa parolle, qui ne peult faillir; tenez-vous à ce bon Dieu, qui est puissant sur tous, qui ne délaisse jamais les siens, car, si, par craincte ou autrement, laissez de suyvre le droit aux choses de Dieu et voullez différer, tout ce que craignez vous viendra sur la teste. Pour l'honneur de Jésus, recevez sa bénédiction et la grâce qu'il vous présente, fuyans sa malédiction et vengeance, qui vous est preste, et ce en suyvant purement la parolle de Dieu, délaissant toute abomination et là chassant, de quoy nostre Seigneur vous en doint la grâce, vous conservant et gardant et tout vostre peuple.

9 782019 967871